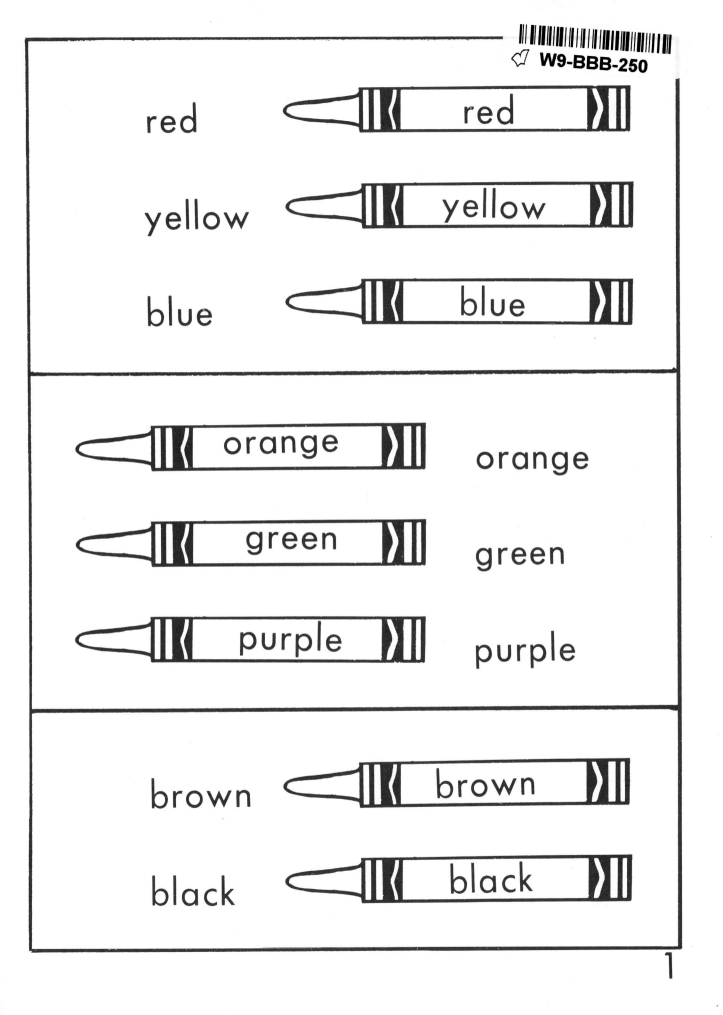

red — red

yellow — yellow

blue — blue

orange — orange

green — green

purple — purple

brown — brown

black — black

1

_ a p e

_ a p e

_ a n e

_ a n e

_ a v e

_ a v e

_ a p e

_ a n e

_ a v e

2

_ a _ e   _ a _ e   _ a _ e

_ a _ e   _ a _ e   _ a _ e

_ a _ e   _ a _ e   _ a _ e

3

It is a _ _ _ _.
It is green.

It is a _ _ _ _.
It is black.

It is a _ _ _ _.
It is red.

It is a _ _ _ _.
It is blue.

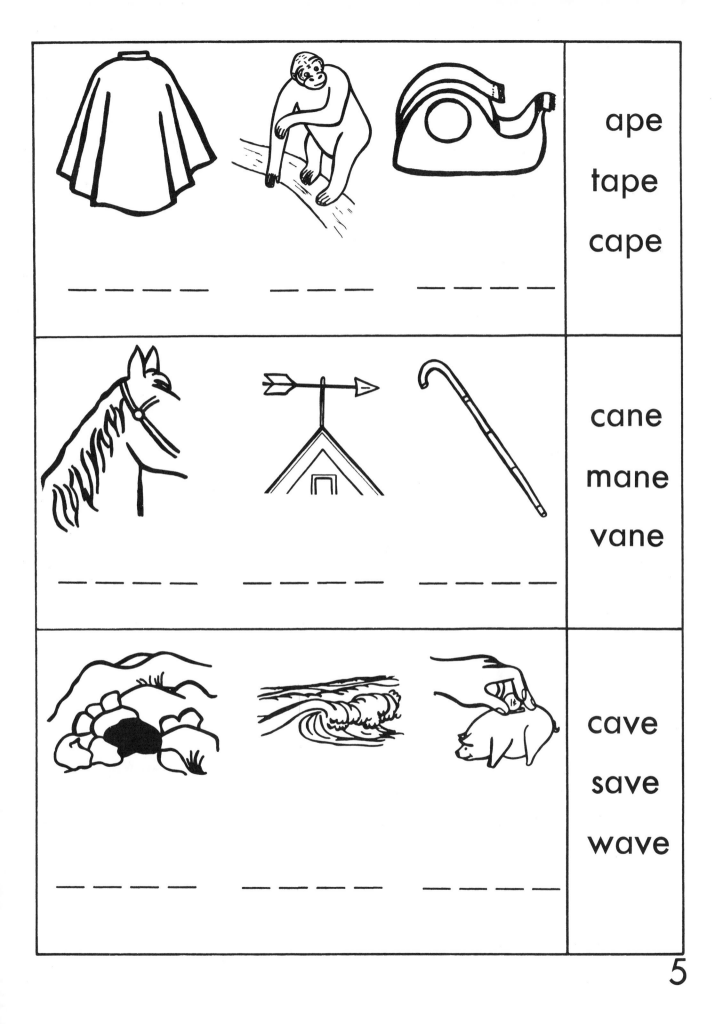

ape
tape
cape

- - - - - - - - -

cane
mane
vane

- - - - - - - - -

cave
save
wave

- - - - - - - - -

5

___ ___ ___   ___ ___ ___ ___   ___ ___ ___ ___

The cape is red.

The mane is black.

The tape is yellow.

The wave is blue.

The ape is brown.

The cave is green.

___ ___ ___   ___ ___ ___ ___   ___ ___ ___ ___

6

rake

lake

cake

_ _ _ _ _ _ _ _ _ _ _ _ _ _ _

ate

late

gate

_ _ _ _ _ _ _ _ _ _ _ _ _ _ _

safe

wade

vase

_ _ _ _ _ _ _ _ _ _ _ _ _ _ _

7

The rake is green.

The cane is red.

The mane is brown.

The lake is blue.

The gate is green.

The cake is yellow.

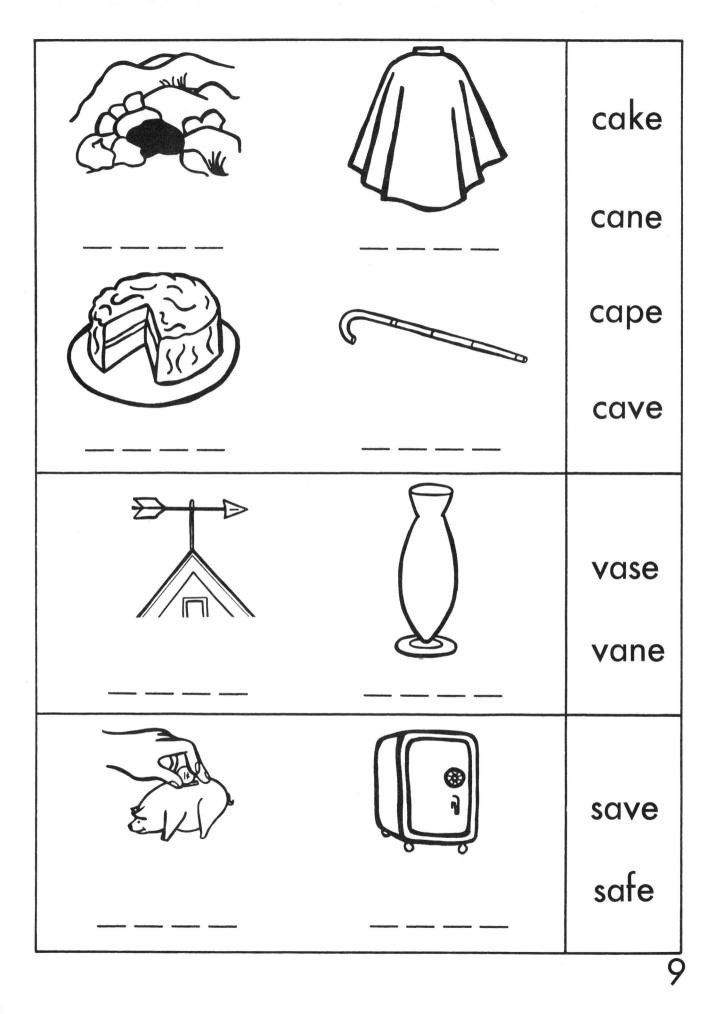

cake

cane

cape

cave

vase

vane

save

safe

9

The ape
tape on
is   the

_ _ _ _ _ _ _ _ _ _ _ _ .

rake is
The on
the cake

_ _ _ _ _ _ _ _ _ _ _ _ .

is   The
cane on
the cave

_ _ _ _ _ _ _ _ _ _ _ _ .

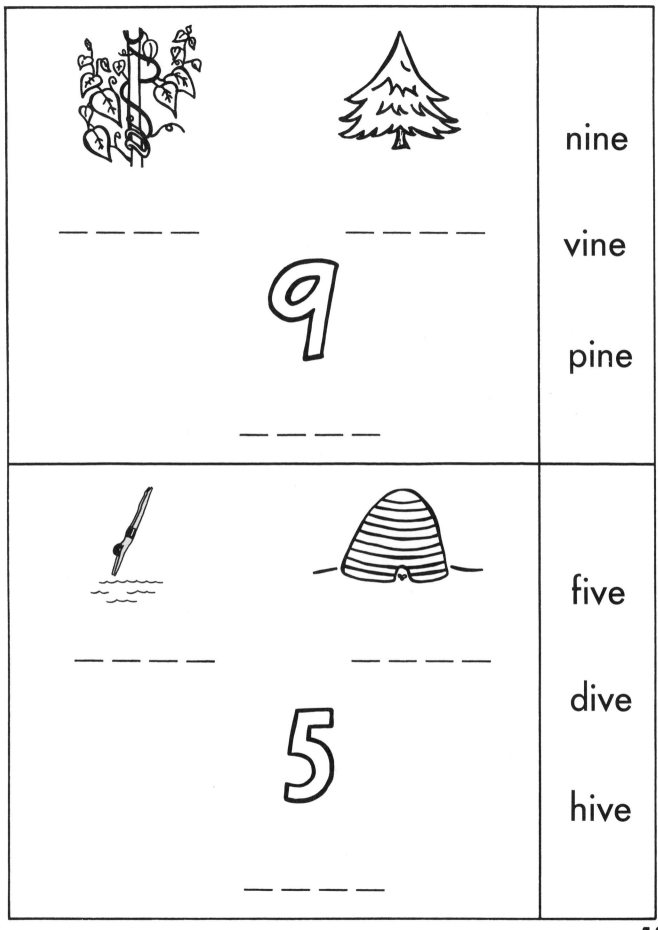

nine

vine

pine

_ _ _ _ _   _ _ _ _

9

_ _ _ _

five

dive

hive

_ _ _ _ _   _ _ _ _

5

_ _ _ _

bite kite		
	_ _ _ _	_ _ _ _
file tile		
	_ _ _ _	_ _ _ _
pipe bike dime	_ _ _ _	_ _ _ _

12

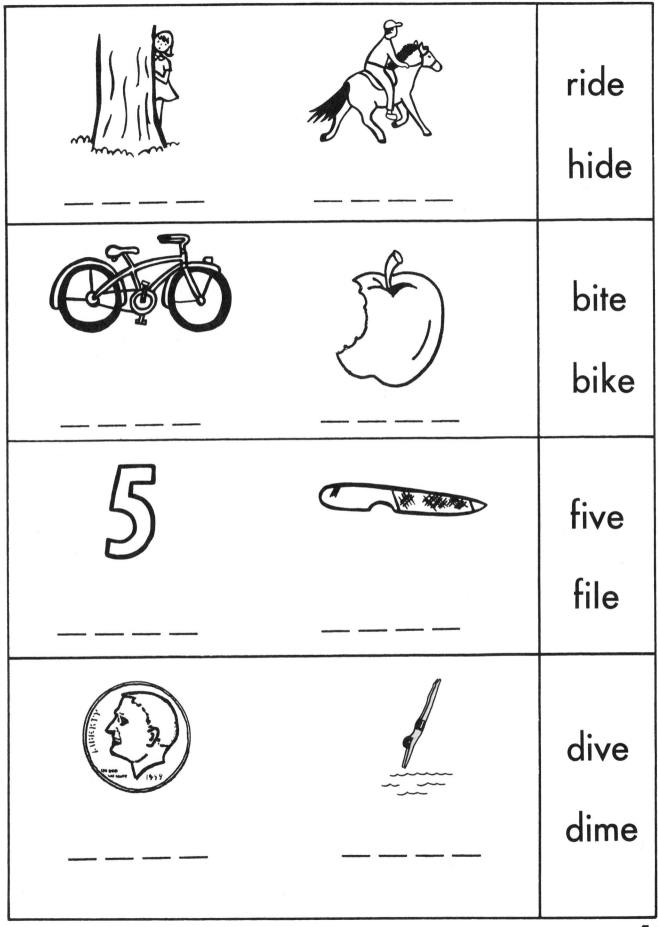

ride

hide

_ _ _ _   _ _ _ _

bite

bike

_ _ _ _   _ _ _ _

five

file

_ _ _ _   _ _ _ _

dive

dime

_ _ _ _   _ _ _ _

5 _ _ _ _

_ _ _ _

_ _ _ _

The hive is yellow.

The pipe is brown.

The bike is red.

The pine is green.

The five is blue.

The kite is red.

_ _ _ _

_ _ _ _

_ _ _ _

<u>I</u> <u>t</u> <u>i</u> <u>s</u> <u>a</u> _ _ _ _ _ .
It is orange.

_ _ _ _ _ _ _ _ _ _ .
It is green.

_ _ _ _ _ _ _ _ _ _ .
It is red.

_ _ _ _ _ _ _ _ _ .
It is yellow.

	the	kite
	on	The
	five	is

_ _ _ _ _ _ _ _ _ _ .

	The	is
	the	pipe
	on	hive

_ _ _ _ _ _ _ _ _ _ .

	pine	nine
	The	the
	is	on

_ _ _ _ _ _ _ _ _ _ .

The cake is orange.

The ape is red.

The file is yellow.

The hive is green.

The safe is blue.

The nine is purple.

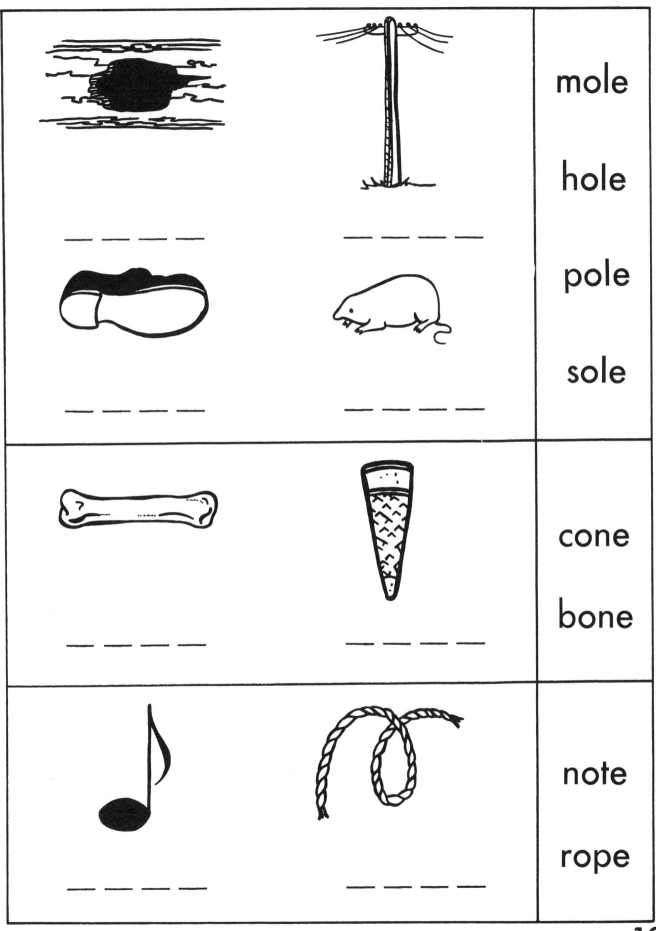

mole

hole

pole

sole

cone

bone

note

rope

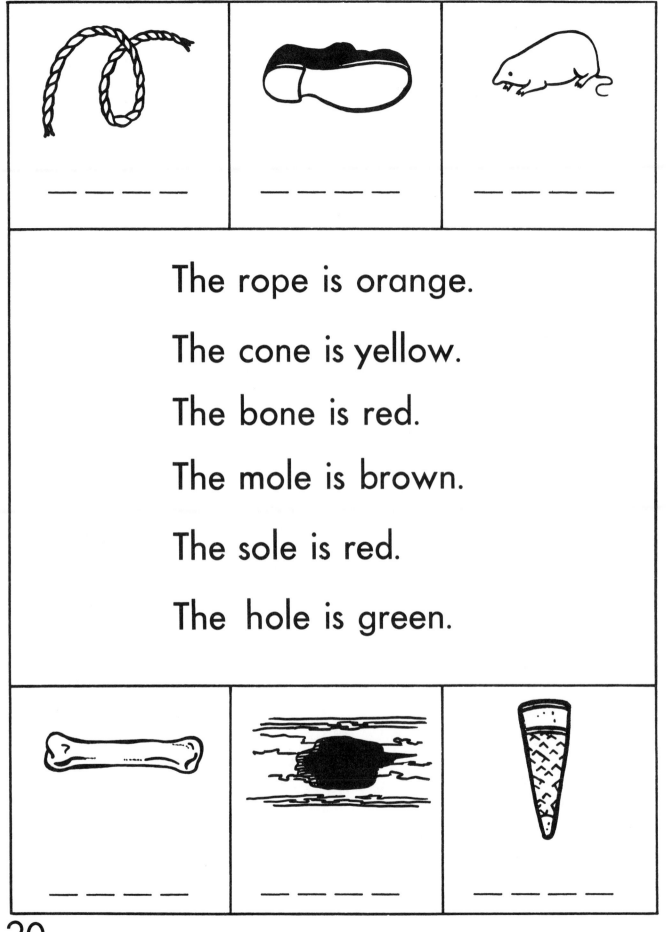

The rope is orange.

The cone is yellow.

The bone is red.

The mole is brown.

The sole is red.

The hole is green.

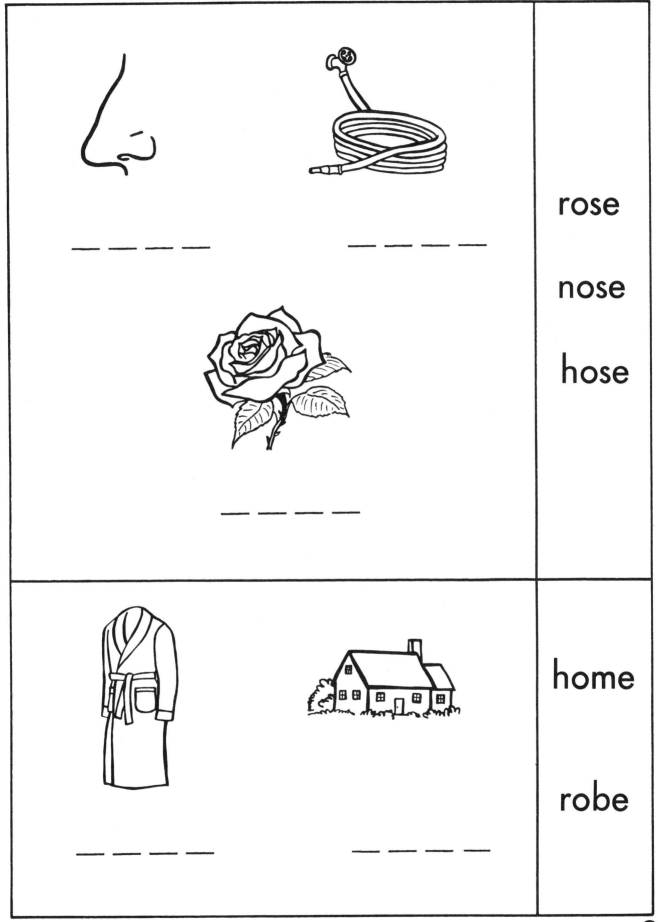

rose

nose

hose

_ _ _ _   _ _ _ _

_ _ _ _

home

robe

_ _ _ _   _ _ _ _

I t   i s   a   _ _ _ _ _.
It is yellow.

_ _ _ _ _ _ _ _.
It is red.

_ _ _ _ _ _ _ _.
It is green.

_ _ _ _ _ _ _ _.
It is purple.

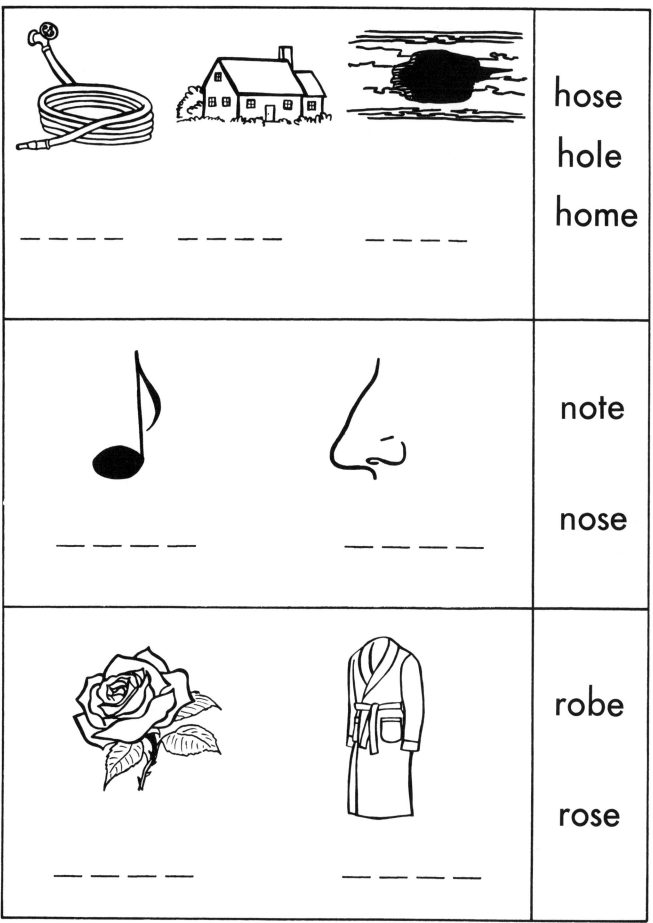

hose
hole
home

note

nose

robe

rose

23

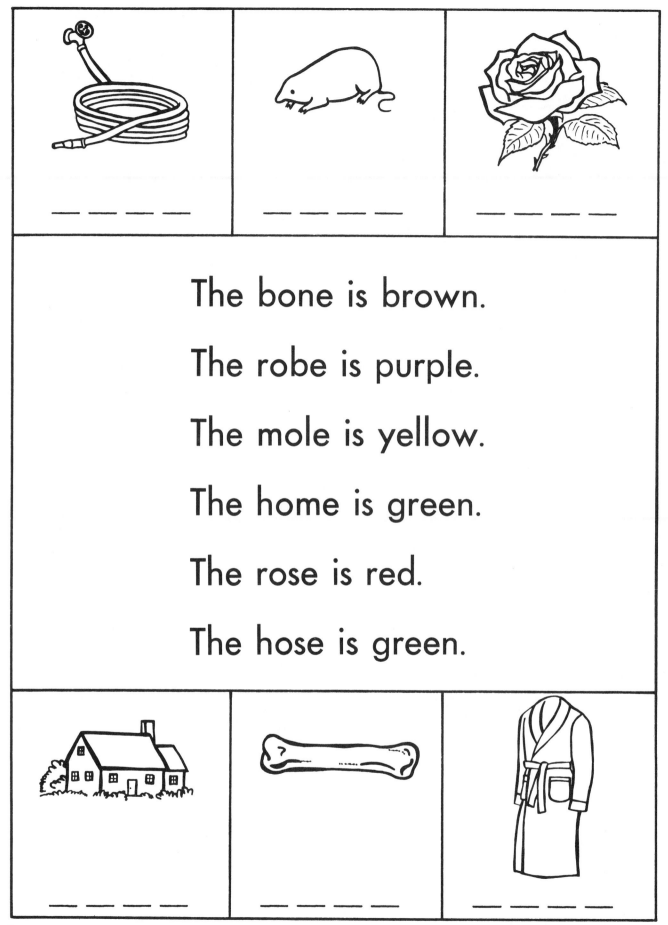

The bone is brown.

The robe is purple.

The mole is yellow.

The home is green.

The rose is red.

The hose is green.

cube

tube

_ _ _ _   _ _ _ _

tune

June

_ _ _ _   _ _ _ _

mule

_ _ _ _

25

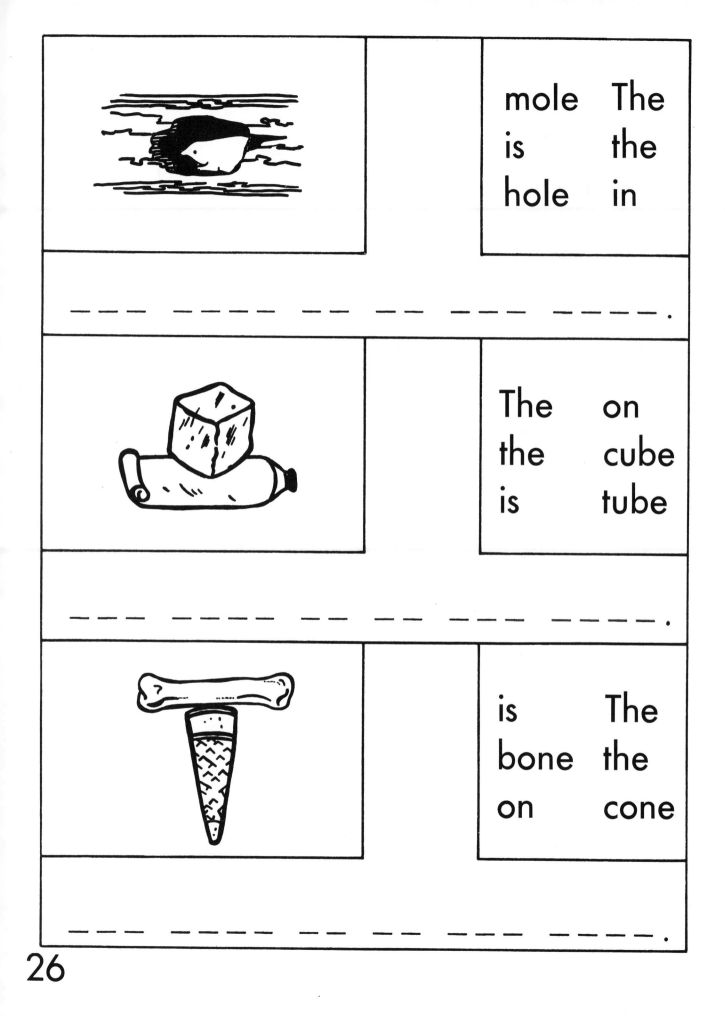

mole   The
is   the
hole   in

_ _ _ _ _ _ _ _ _ _ .

The   on
the   cube
is   tube

_ _ _ _ _ _ _ _ _ _ .

is   The
bone   the
on   cone

_ _ _ _ _ _ _ _ _ .

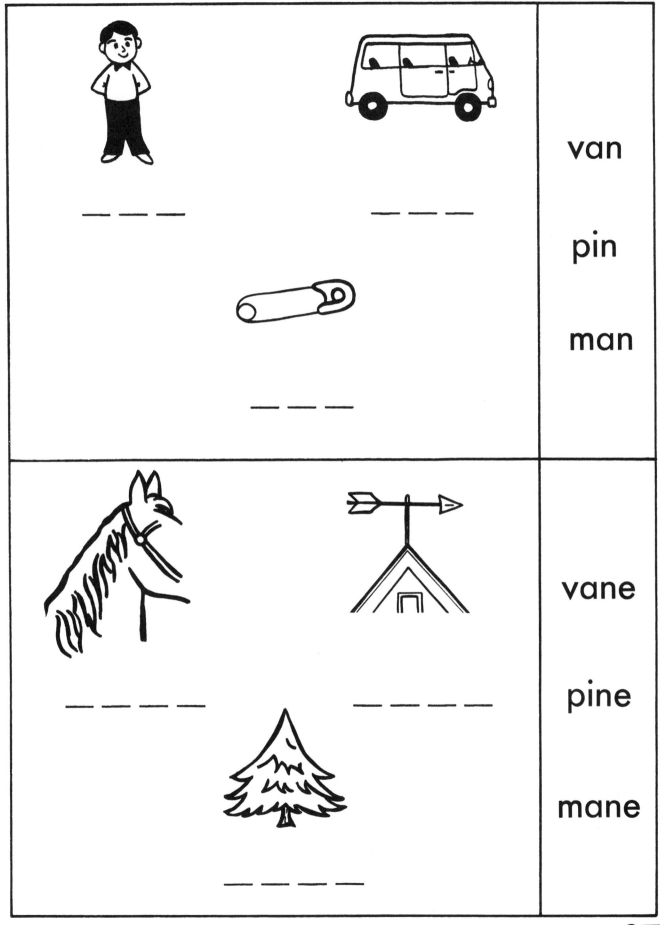

van

pin

man

vane

pine

mane

The pin is yellow.

The man is orange.

The van is blue.

The pine is green.

The mane is black.

The vane is red.

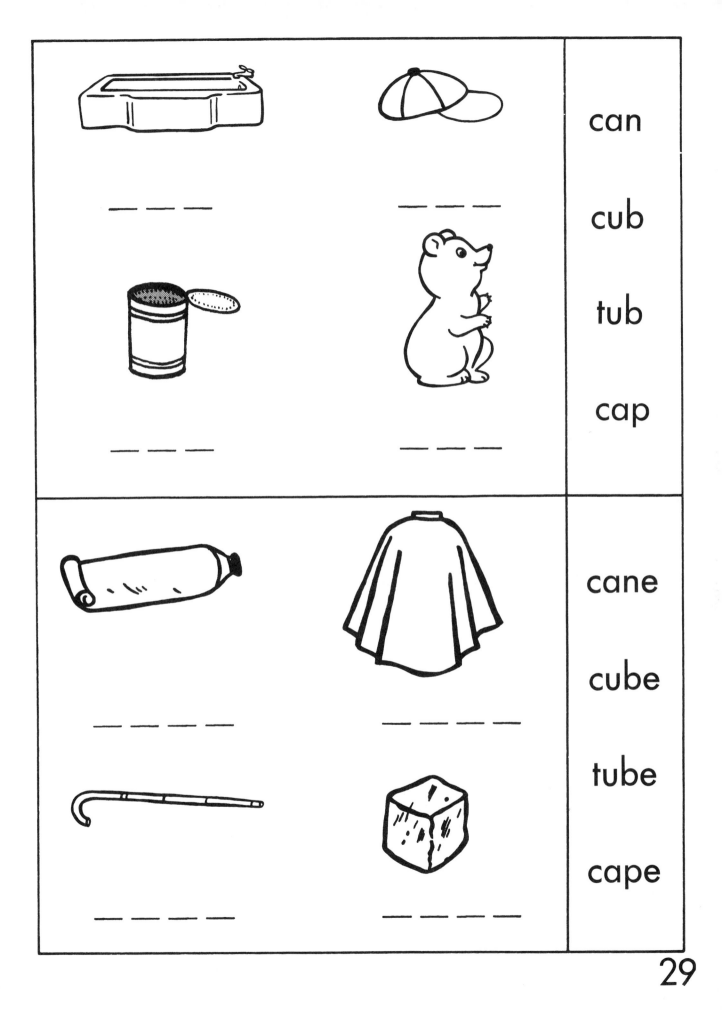

can

cub

tub

cap

cane

cube

tube

cape

29

tub

tube

_____ _____

cap

cape

_____ _____

can

cane

_____ _____

cub

cube

_____ _____

30

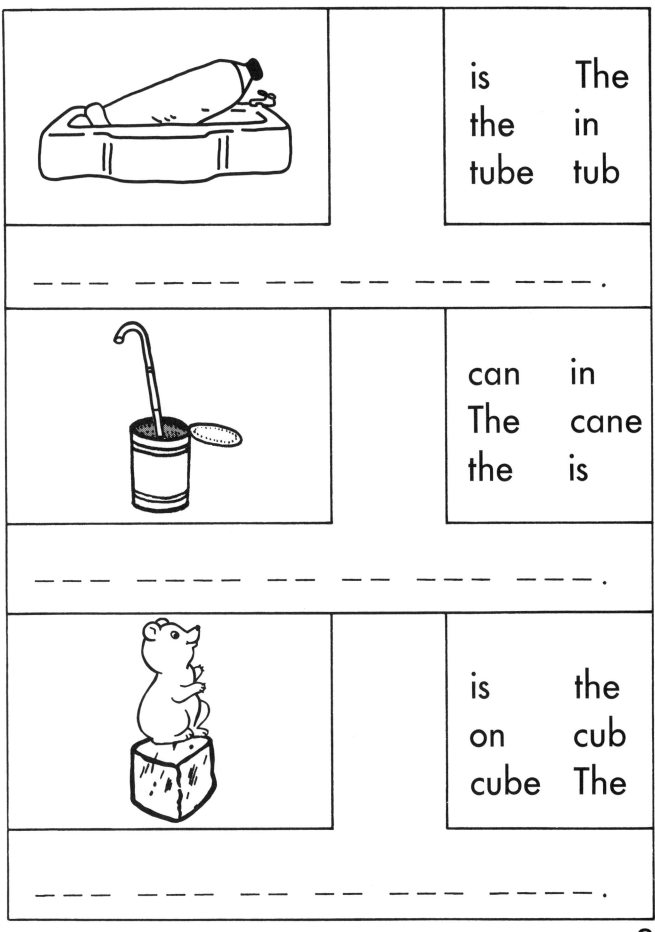

is   The
the   in
tube   tub

— — — — — — — — — — — — — .

can   in
The   cane
the   is

— — — — — — — — — — — — — .

is   the
on   cub
cube   The

— — — — — — — — — — — — — .

The mole is brown.

The hen is red.

The mule is black.

The cub is brown.

The cat is yellow.

The ape is red.

Yes   No

Is the ape on the bike? _____

Is the ape on the mole? _____

Is the bat on the mule? _____

Is the cat on the bike? _____

Is the cat on the mule? _____

Is the bat on the mole? _____

The mule is green.
The cat is orange.
The mole is brown.
The bat is yellow.
The bike is red.
The ape is black.

The pig is red.

The rat is blue.

The dog is purple.

The ram is green.

The bat is orange.

The pup is yellow.

34

_ _ _

_ _ _

_ _ _

_ _ _

JUNE
S M T W T F S
1 2 3 4
5 6 7 8 9 10 11
12 13 14 15 16 17 18
19 20 21 22 23 24 25
26 27 28 29 30

_ _ _

_ _ _

_ _ _

_ _ _

_ _ _

Now you can read the first four storybooks in both series listed on the back cover.

toe

doe

hoe

_ _ _ _   _ _ _ _

_ _ _ _

tie

pie

bee

_ _ _ _   _ _ _ _

_ _ _ _

_ _ _   _ _ _   _ _ _

The tie is green.

The hoe is orange.

The toe is red.

The pie is brown.

The bee is yellow.

The doe is brown.

_ _ _   _ _ _   _ _ _

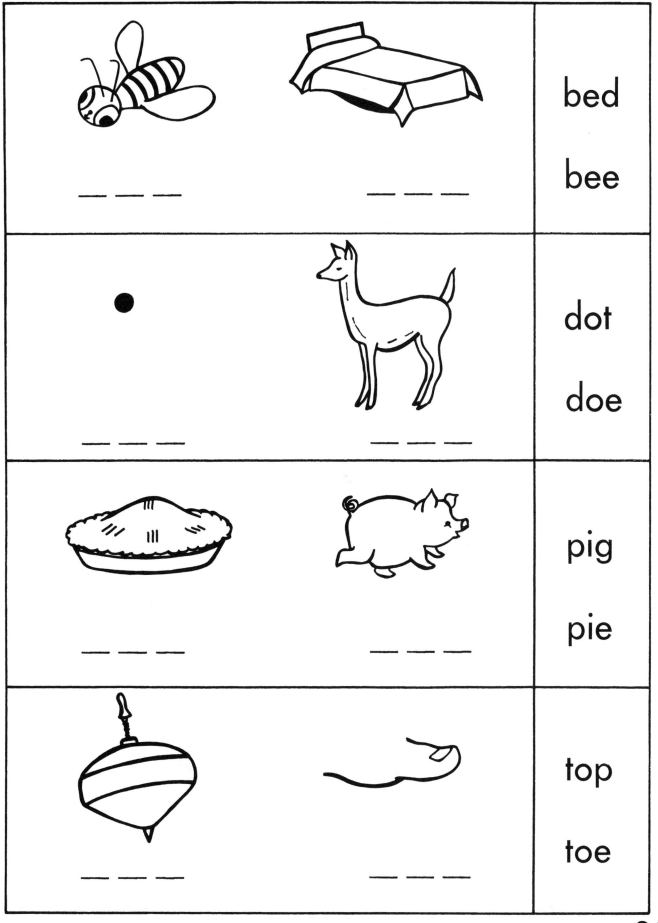

bed

bee

dot

doe

pig

pie

top

toe

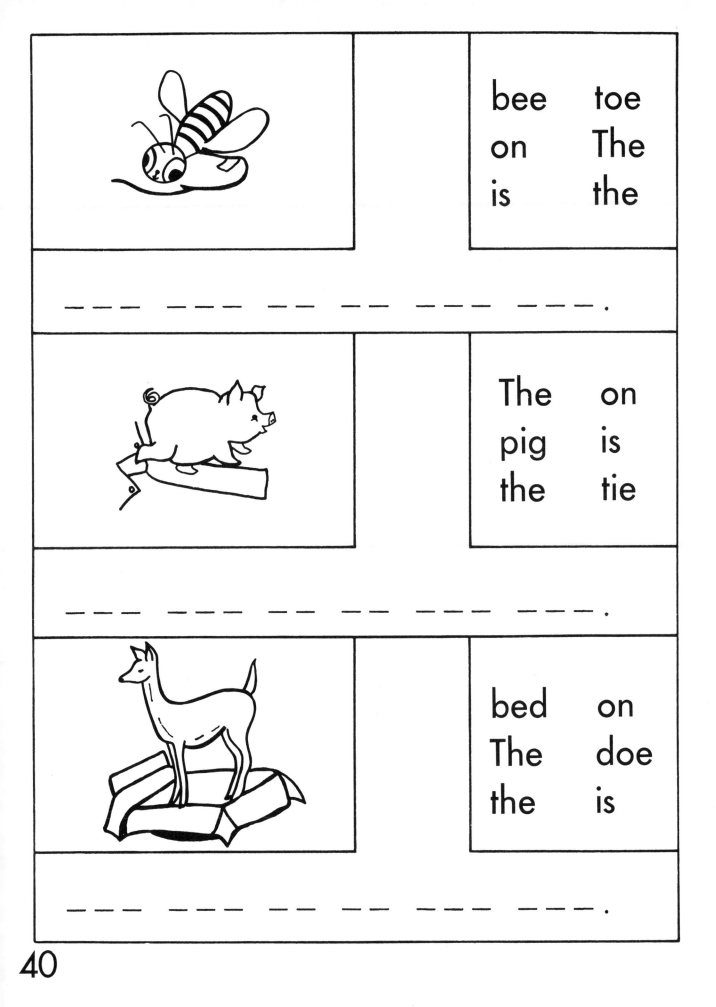

bee   toe
on   The
is   the

_ _ _ _ _ _ _ _ _ _ .

The   on
pig   is
the   tie

_ _ _ _ _ _ _ _ _ _ .

bed   on
The   doe
the   is

_ _ _ _ _ _ _ _ _ _ .

Is the bee on the hoe? _____

Is the doe in the tub? _____

Is the doe on the pie? _____

Is the pig on the hoe? _____

Is the pig in the tub? _____

Is the bee on the pie? _____

Yes   No

The pig is red.
The bee is orange.
The tub is yellow.
The pie is brown.
The hoe is purple.
The doe is green.

The bike is green.

The tie is purple.

The kite is yellow.

The robe is blue.

The pie is brown.

The pipe is red.

_ _ _

_ _ _ _

_ _ _

_ _ _

_ _ _ _

_ _ _ _

Now you can read the storybooks *The Bee* and *The Lie* listed on the back cover.

boat

coat

goat

road

toad

loaf

soap

43

The soap is blue.

The coat is purple.

The toad is green.

The road is yellow.

The goat is brown.

The boat is red.

cot

coat

___

bed

bee

___

dot

doe

___

pig

pie

___

rod

road

___

bat

boat

___

top

toe

___

sap

soap

___

I t   i s   a   _ _ a .
It is blue.

_ _ _ _ _ _ _ _ a _.
It is orange.

_ _ _ _ _ _ _ _ a _.
It is yellow.

_ _ _ _ _ _ _ _ a _.
It is purple.

46   Now you can read the storybooks *The Goat* and *A Fine Coat* listed on the back cover.

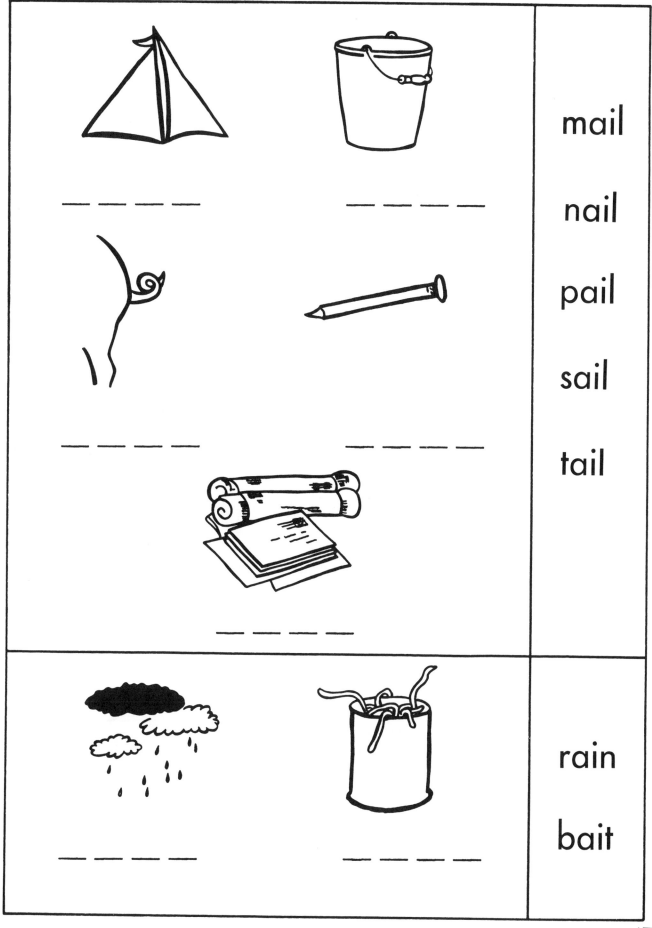

mail

nail

pail

sail

tail

rain

bait

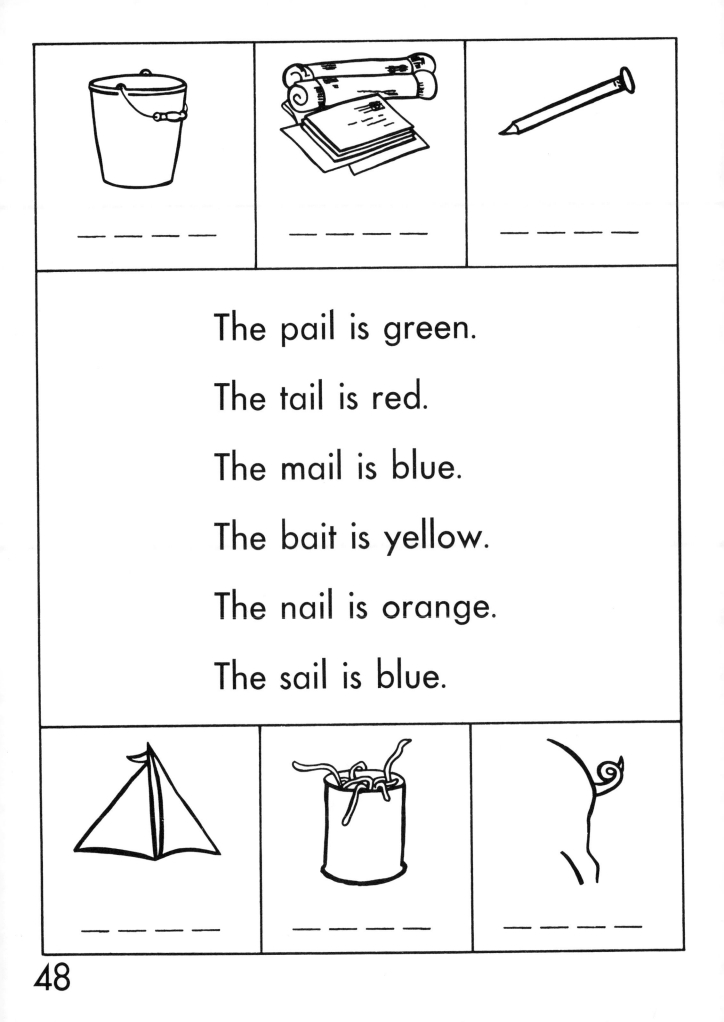

The pail is green.

The tail is red.

The mail is blue.

The bait is yellow.

The nail is orange.

The sail is blue.

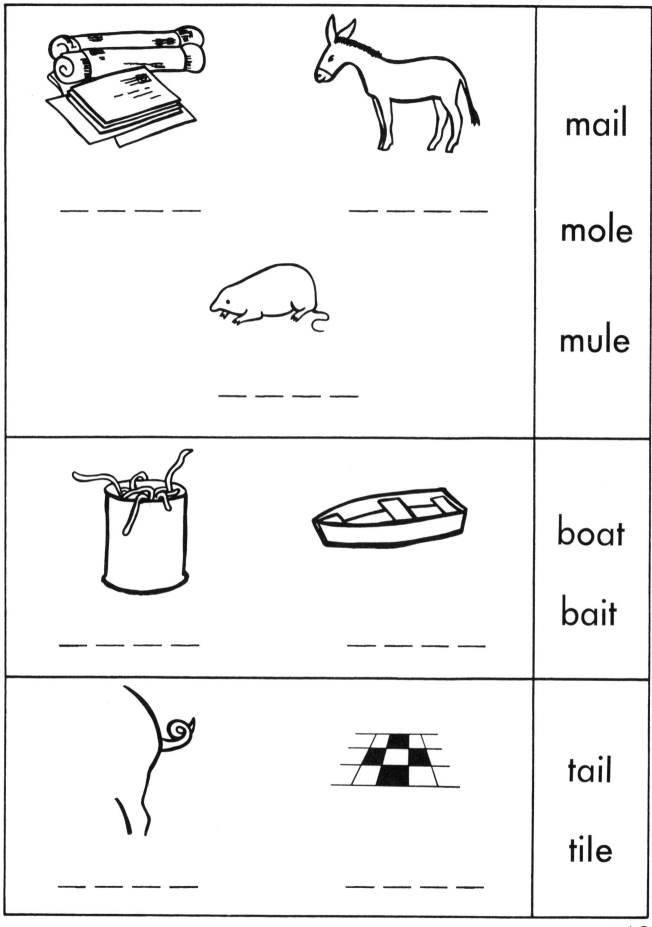

mail

mole

mule

_ _ _ _ _   _ _ _ _

_ _ _ _ _

boat

bait

_ _ _ _ _   _ _ _ _

tail

tile

_ _ _ _ _   _ _ _ _

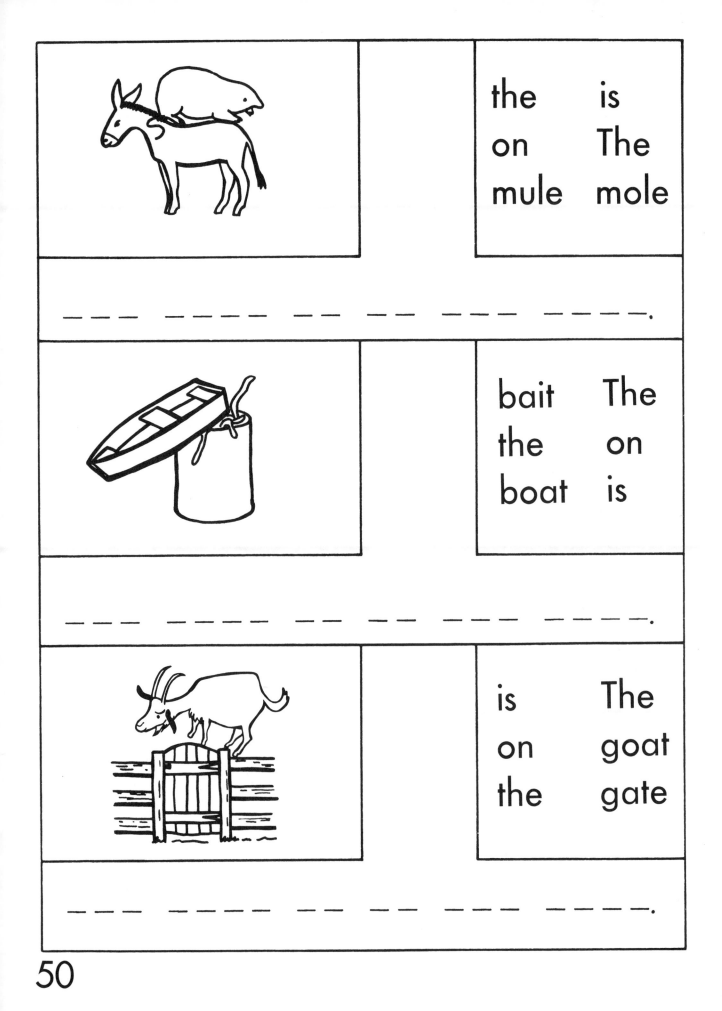

the   is
on   The
mule mole

_ _ _ _ _ _ _ _ _ _ _ _ _ _ _ _ _ _ .

bait The
the   on
boat is

_ _ _ _ _ _ _ _ _ _ _ _ _ _ _ _ _ _ .

is   The
on   goat
the   gate

_ _ _ _ _ _ _ _ _ _ _ _ _ _ _ _ _ _ .

gate

goat

___ ___ ___ ___   ___ ___ ___ ___

sail

sole

___ ___ ___ ___   ___ ___ ___ ___

pail

pole

___ ___ ___ ___   ___ ___ ___ ___

ride

road

___ ___ ___ ___   ___ ___ ___ ___

I̲t̲ i̲s̲ a̲ ___ ___ ___ e.
It is blue.

___ ___ ___ ___ ___ ___ ___ e.
It is yellow.

___ ___ ___ ___ ___ ___ i ___.
It is red.

___ ___ ___ ___ ___ ___ a ___.
It is green.

	Yes	No
Is the bee on the soap?		_____
Is the toad in the pail?		_____
Is the toad on the soap?		_____
Is the bee on the road?		_____
Is the goat in the pail?		_____
Is the goat on the road?		_____

The toad is orange.
The bee is yellow.
The soap is red.
The goat is brown.
The pail is blue.
The road is green.

The coat is red.

The pail is brown.

The goat is yellow.

The nail is green.

The soap is blue.

The mail is purple.

Now you can read the storybooks *Sail* and *Cop Cat and the Mule* listed on the back cover.

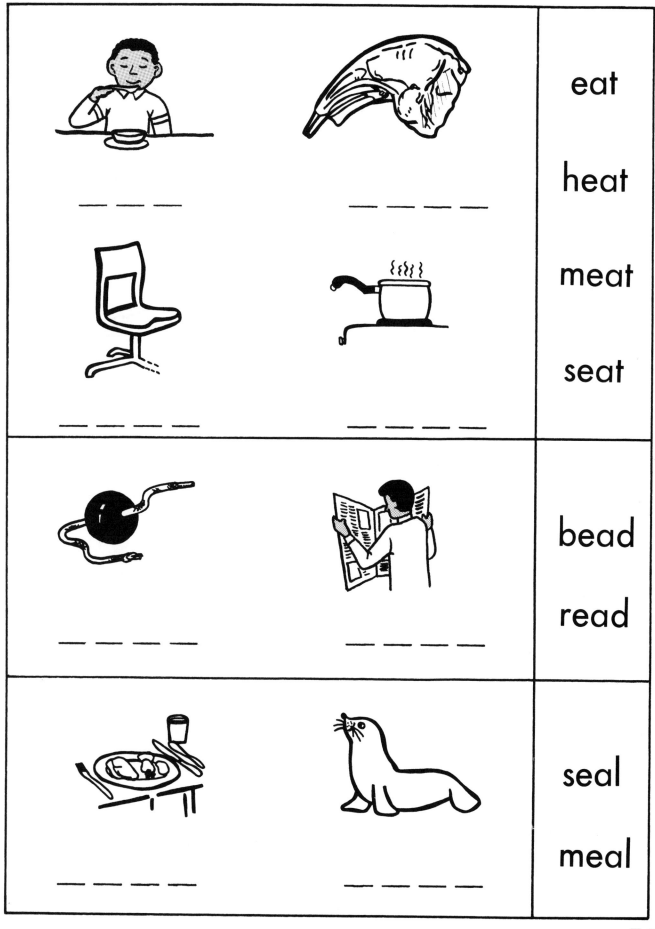

eat

heat

meat

seat

bead

read

seal

meal

leaf

leap

bean

beak

team

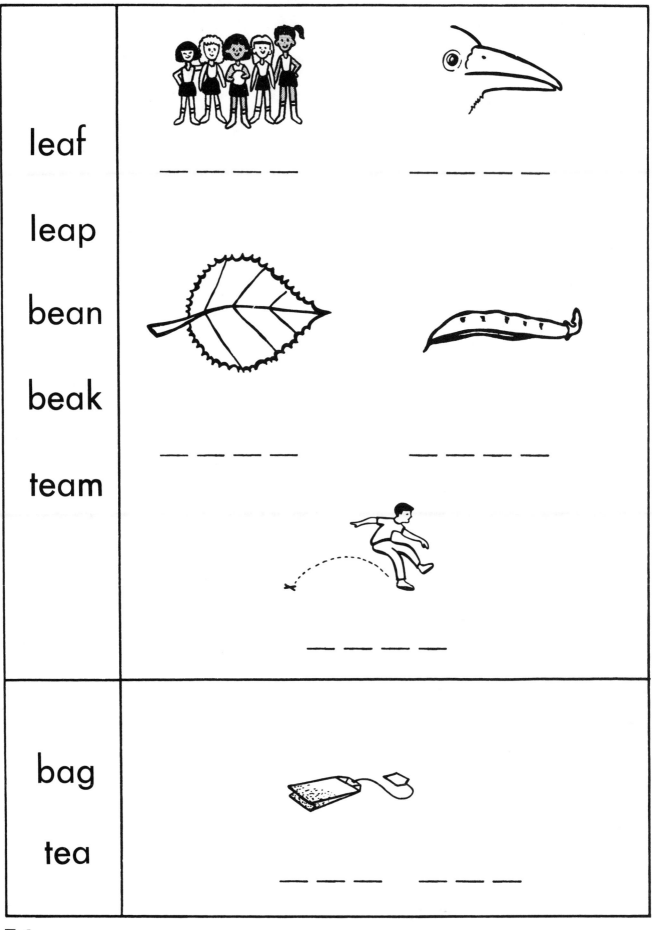

bag

tea

56

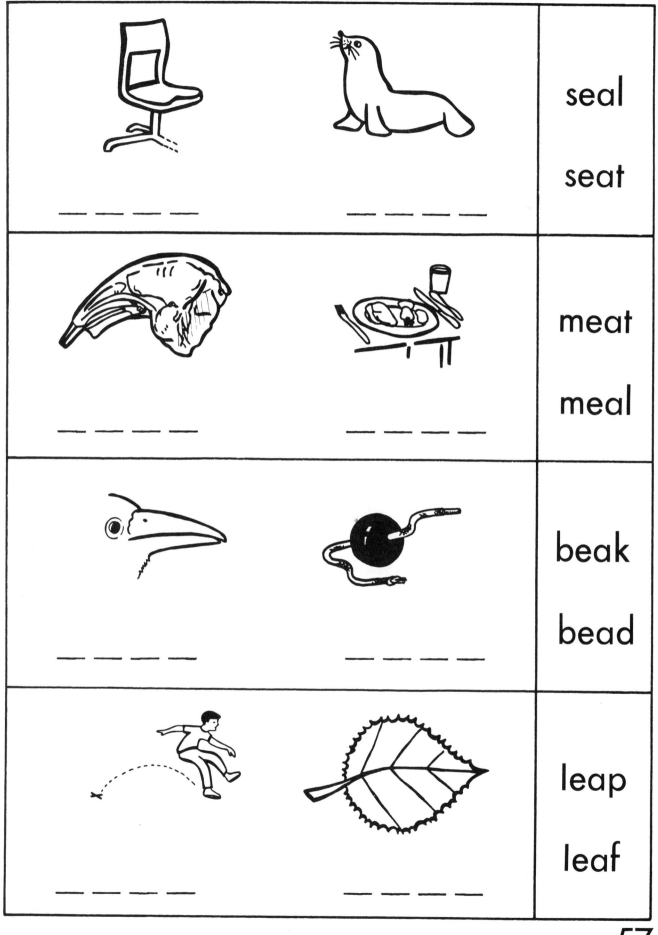

seal

seat

_ _ _ _   _ _ _ _

meat

meal

_ _ _ _   _ _ _ _

beak

bead

_ _ _ _   _ _ _ _

leap

leaf

_ _ _ _   _ _ _ _

The leaf is green.

The meat is brown.

The bean is green.

The beak is yellow.

The bead is red.

The seal is black.

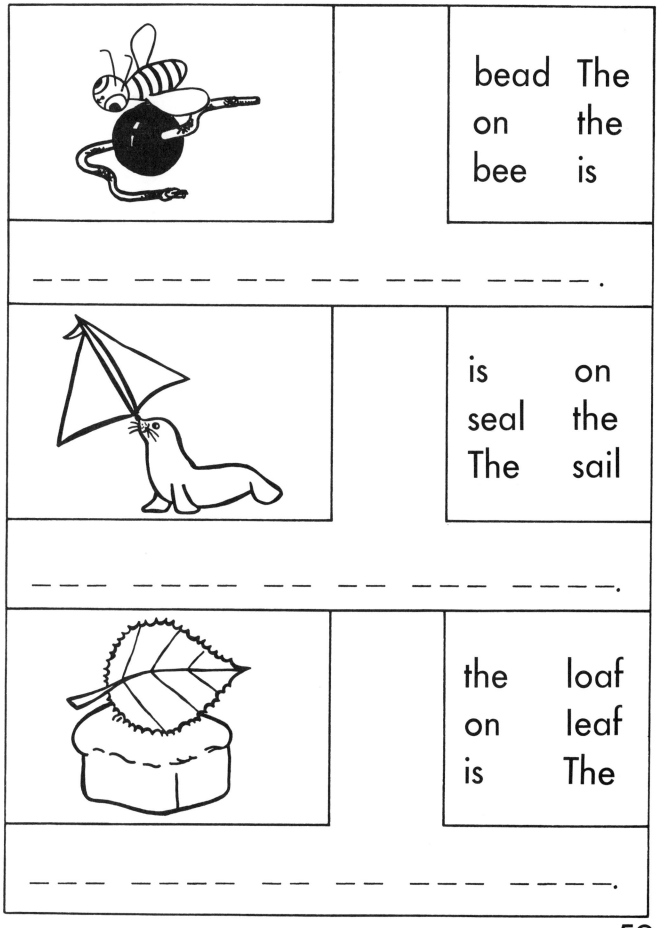

bead   The
on   the
bee   is

--- --- --- --- --- --- --- .

is   on
seal   the
The   sail

--- --- --- --- --- --- --- .

the   loaf
on   leaf
is   The

--- --- --- --- --- --- --- .

I t   i s   a _ _ _ _ _.
It is blue.

_ _ _ _ _ _ _ _ _ _.
It is red.

_ _ _ _ _ _ _ _.
It is orange.

_ _ _ _ _ _ _.
It is yellow.

Now you can read the storybooks *The Seal* and *A Real Pal* listed on the back cover.

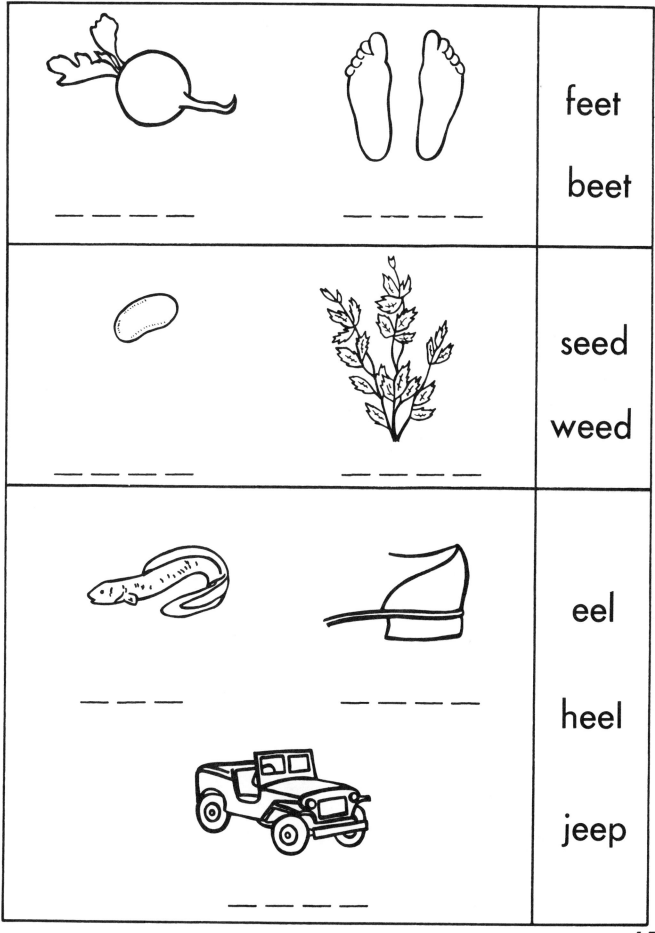

feet

beet

_ _ _ _ _ _   _ _ _ _ _ _

seed

weed

_ _ _ _ _   _ _ _ _ _ _

eel

_ _ _ _ _   _ _ _ _ _ _

heel

jeep

_ _ _ _ _

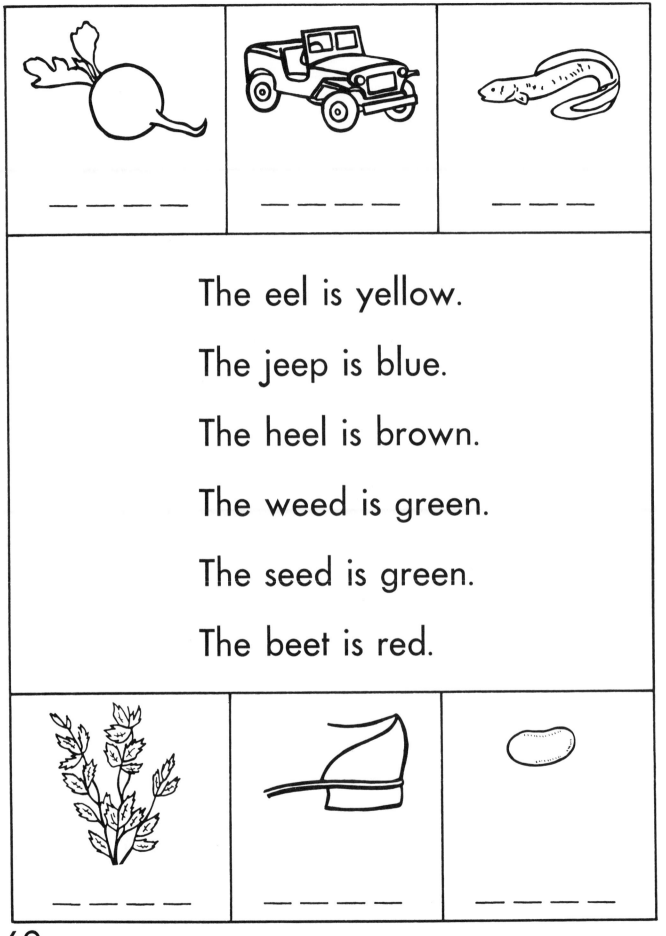

The eel is yellow.

The jeep is blue.

The heel is brown.

The weed is green.

The seed is green.

The beet is red.

Now you can read the storybooks *Hide and Seek* and *Rose and Weed* listed on the back cover.

tire

fire

_ _ _ _   _ _ _ _

ear

oar

_ _ _ _   _ _ _

deer

mare

hair

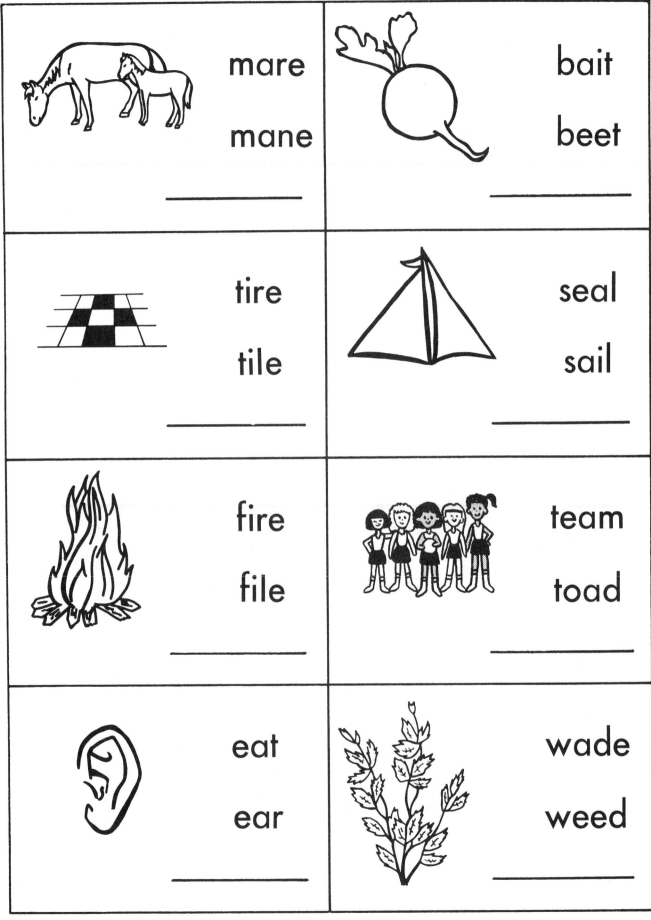

mare

mane

_____

bait

beet

_____

tire

tile

_____

seal

sail

_____

fire

file

_____

team

toad

_____

eat

ear

_____

wade

weed

_____

64

	Yes	No
Is the seal in the boat?	_____	
Is the team on the leaf?	_____	
Is the deer on the leaf?	_____	
Is the deer in the boat?	_____	
Is the seal on the tire?	_____	
Is the team on the tire?	_____	

The tire is yellow.
The leaf is green.
The boat is red.
The seal is black.
The deer is brown.
The team is blue.

The oar is green.

The mare is brown.

The ear is yellow.

The tire is black.

The hair is orange.

The fire is red.

66   Now you can read the storybooks *The Fire* and *The Deer* listed on the back cover.

The hat is blue.

The cap is red.

The tie is purple.

The cape is orange.

The robe is yellow.

The coat is green.

_ _ _ _

_ _ _ _

_ _ _ _

_ _ _ _

_ _ _ _

_ _ _ _

team

meat

___

hair

rain

___

read

deer

___

eat

tea

___

toad

boat

___

tag

gate

___

eat

tie

___

save

vase

___

bike

bee

bat

bait

cat

cave

cub

coat

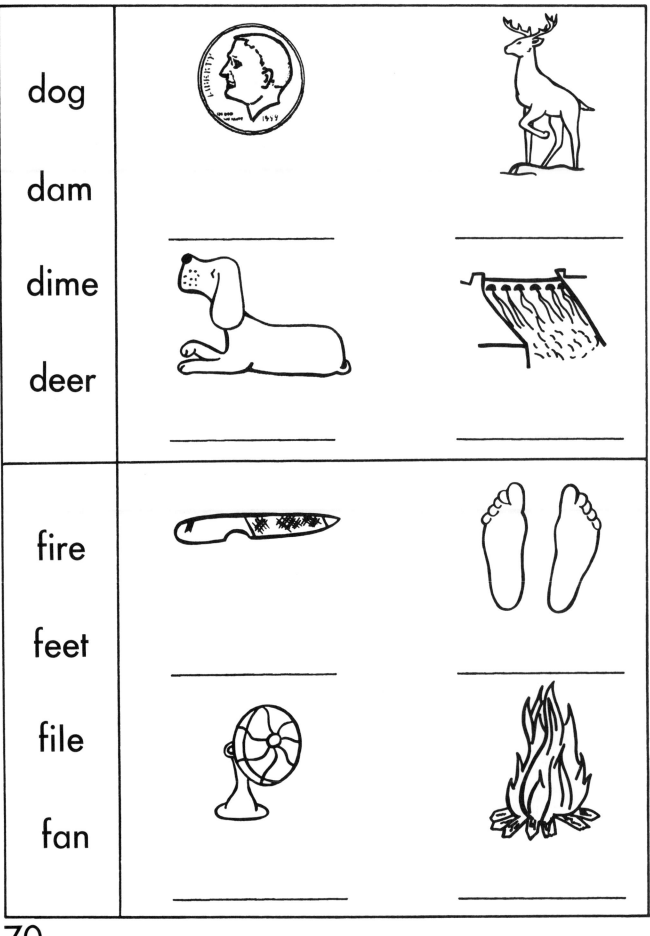

dog

dam

dime

deer

fire

feet

file

fan

70

gull

gum

goat

gate

hen

hive

hair

hut

__ __ __ __   __ __ __ __   __ __ __

The hen is orange.

The fire is red.

The deer is brown.

The bat is blue.

The cub is brown.

The hair is yellow.

__ __ __ __   __ __ __ __   __ __ __

June

jug

jet

jeep

leg

log

lake

leaf

mug

map

meat

mole

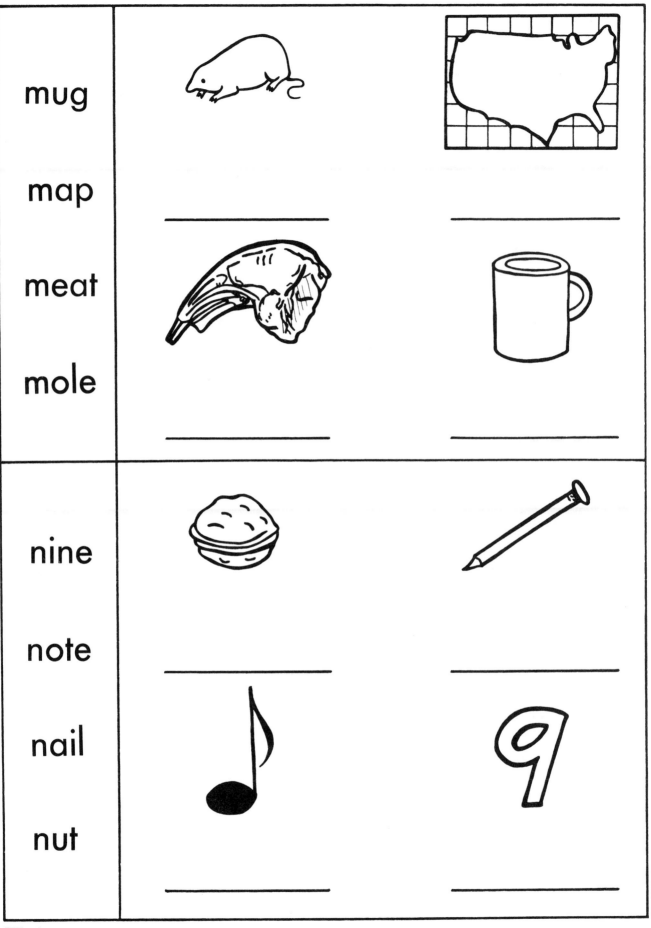

nine

note

nail

nut

74

pine

pail

pop

pig

road

ram

rat

rake

75

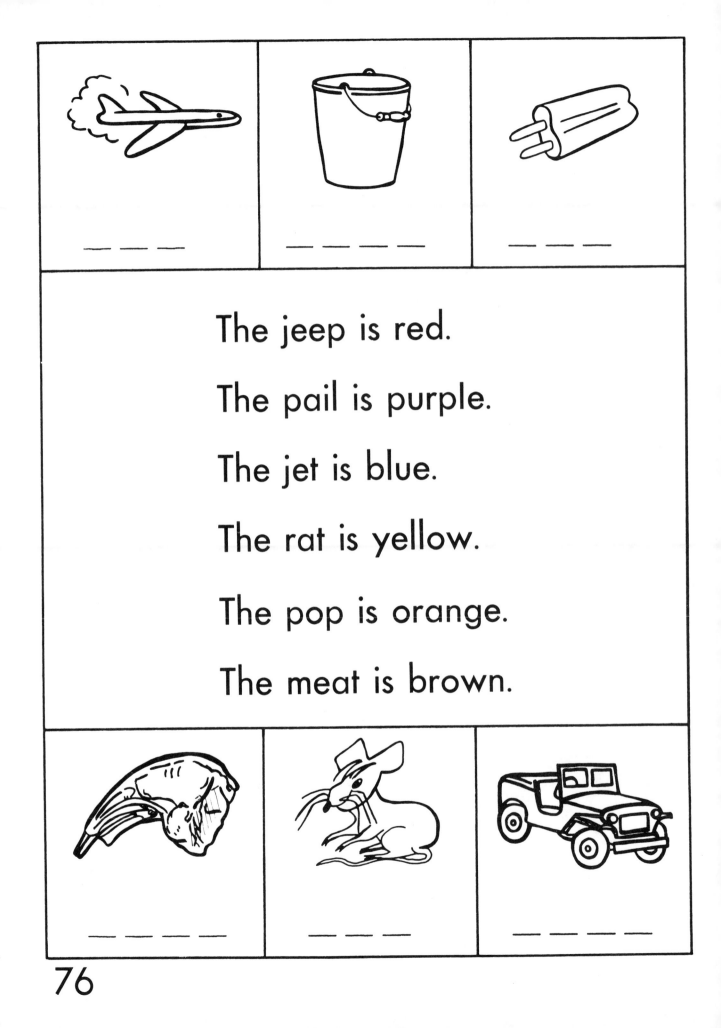

The jeep is red.

The pail is purple.

The jet is blue.

The rat is yellow.

The pop is orange.

The meat is brown.

seal

sub

sun

safe

tile

team

tag

tape

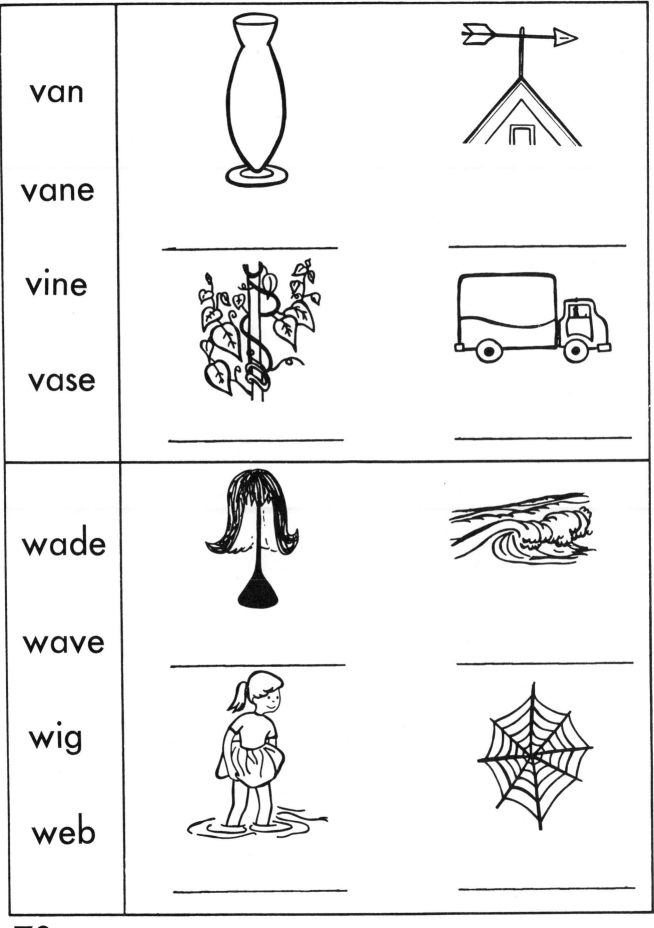

van

vane

vine

vase

wade

wave

wig

web

78

eat

save

hide

ride

wade

read

dive

leap

The ape is red.

The bee is yellow.

The seal is black.

The goat is brown.

The toad is green.

The mule is brown.